Inhaltsverzeichnis

Die Weimarer Republik

Der Nationalsozialismus

Deutschland nach 1945

Konflikte und Friedensbemühungen seit 1945

Europa – ein Kontinent wächst zusammen

Anja Barthel
Sven Christoffer
Helmut Heimbach
Klaus Leinen
Peter Offergeld
Antonius Wollschläger

1. Auflage A 1 9 8 7 6 5 | 2015 14 13 12 11

Alle Drucke dieser Auflage können nebeneinander benutzt werden,
sie sind untereinander unverändert. Die letzte Zahl bezeichnet das Jahr des Druckes.

Internetadresse: http://www.klett.de

Redaktion: Carsten Loth
Herstellung: Josephin Müller
Gesamtgestaltung: Kassler-Design, Leipzig
Satz: Type-Design, Berlin
Piktogramme: Erhard Müller, Leipzig
Reproduktionen: Meyle & Müller, Pforzheim
Druck: AZ Druck und Datentechnik GmbH, Kempten
Printed in Germany

ISBN-13: 978-3-12-421042-5
ISBN-10: 3-12-421042-5

9 783124 210425

Der Versailler Vertrag

… aus zeitgenössischer Sicht

Q1 *Aus dem Kommentar der Süddeutschen Zeitung zu den Bestimmungen von Versailles, 24.6.1919:*

Dem deutschen Volke ist die Schande angetan worden, nicht nur sein Todesurteil zu unterschreiben, sondern seines eigenen Blutes und Stammes Genossen dem Feinde auszuliefern, zur Aburteilung, zur Bestrafung dafür, dass sie ihrem Vaterlande in seiner Not das Beste gegeben. (…) Was haben wir denn gutzumachen, wir, die wir der großen seit Jahrzehnten zusammengebrauten Verschwörung Hass erfüllter Nachbarn und gieriger, Neid erfüllter Konkurrenten zum Opfer gefallen sind. Wie kann man dem heiligen Volksempfinden so ins Gesicht schlagen! Waren die Augusttage 1914, wo aus Millionen deutscher Herzen das Befreiungslied, der vaterländische Jubel sich rang, Lüge, waren sie Selbstbetrug? (…) Es ist geschehen, dein Schicksal, deutsches Volk, ist besiegelt, durch die Männer der Revolution, die den 9. November zum Nationalfeiertag machten, den Tag der Freiheit, wie sie meinten.

Süddeutsche Zeitung, 24.6.1919, o. S.

… aus wissenschaftlicher Sicht

Q2 *Der Historiker Eberhard Kolb 1993 über den Vertrag:*

Erstens: Gewiss ist zuzugeben, dass das Vertragswerk eine extreme Belastung für die junge Demokratie darstellte, und es kann bezweifelt werden, ob die Sieger sehr klug handelten, wenn sie die Folgen der Niederlage gerade jenen deutschen Politikern und Parteien aufbürdeten, die sich zu Wilsons Ideen einer Völkerverständigung bekannten. Aber so harte Bedingungen Deutschland auch auferlegt wurden: Einzelne Bestimmungen des Friedensvertrages waren doch weniger rigoros ausgefallen, als es während der Verhandlungen im Bereich der Möglichkeiten gelegen hatte. Der Vertrag besaß tatsächlich einen Kompromisscharakter, er war zwar nicht jener milde „Wilson-Friede", den man in Deutschland erträumt hatte (und den Wilson in dieser Form gar nicht beabsichtigte), aber er war auch nicht ein „karthagischer Friede", wie ihn einflussreiche Politiker und große Teile der öffentlichen Meinung in den Siegerstaaten forderten. Zweitens: Trotz des Versailler Vertrags behielt das Deutsche Reich den Status einer europäischen Großmacht und besaß auf längere Sicht die Möglichkeit, wieder einen aktiven Part in der europäischen Politik zu spielen. (…)

Eberhard Kolb, Die Weimarer Republik (OGG, Bd. 16), 3. Aufl., München 1993, S. 35.

Woodrow Wilson: Präsident der USA von 1913–1921

„karthagischer Friede": Die Stadt Karthago wurde nach ihrer Niederlage im 3. Punischen Krieg von der Siegermacht Rom zerstört.

1. ***Untersuche, wie der Versailler Vertrag in der deutschen Öffentlichkeit aufgenommen wurde (Q1).***
2. ***Vergleiche die zeitgenössische Beurteilung des Friedensvertrags mit der Einschätzung des Historikers Kolb (Q1, Q2).***

… und seine Folgen

„The source" (Die Quelle), Karikatur von D. Fitzpatrick, 1930.

3. ***Erläutere die Kernaussage der Karikatur und nimm Stellung zu der Sichtweise des Karikaturisten.***

Die Weimarer Verfassung

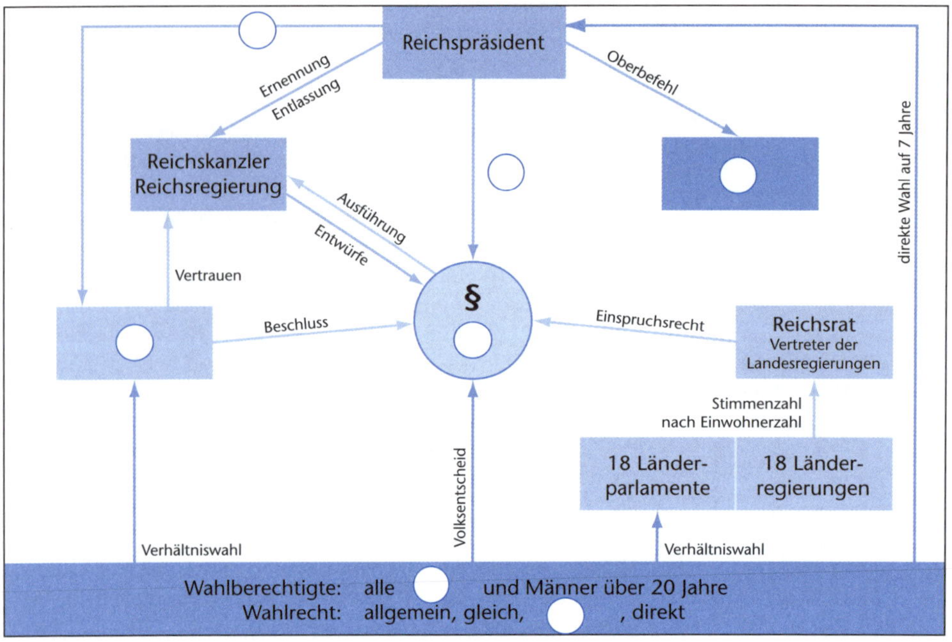

1. Setze in das nebenstehende Schema der Weimarer Verfassung die folgenden Begriffe als Zahl an die jeweils richtige Stelle:

1 = Reichswehr
2 = geheim
3 = Artikel 48
4 = Gesetzgebung
5 = löst auf
6 = Frauen
7 = Reichstag

Ein Verfassungsschema interpretieren

Fragen zur Gesetzgebung:

1. Wer darf Gesetze vorschlagen? Wer arbeitet sie aus? Wer erlässt sie?
2. Wer regiert den Staat, übt also Macht mit Hilfe des Gesetzes aus?
3. Wer kann durch seinen Einspruch erreichen, dass ein Gesetz vorläufig nicht in Kraft tritt?

Fragen zur Wahl:

4. Welche Ämter werden durch Wahl besetzt?
5. Wer darf wählen?

Fragen zur Machtverteilung und Machtkontrolle:

6. Welche Macht haben die einzelnen Personen bzw. Gruppen im Staat? Wo ist besonders viel Macht konzentriert?
7. Wo sind „Sicherungen“ in der Verfassung eingebaut, damit Einzelne ihre Macht nicht missbrauchen können?

2. Untersuche das Schaubild der Weimarer Verfassung mit Hilfe der methodischen Arbeitsschritte.

3. Der Politikwissenschaftler Hans Boldt schrieb 1987 in einem Aufsatz über die Weimarer Reichsverfassung, eine Verfassung könne nicht besser sein, als die Menschen, die sie praktizieren. Überlege, was er damit meint?

Hindenburg und der Staat von Weimar

1925 hatten sich rechtsgerichtete Parteien zum so genannten „Reichsblock" zusammengeschlossen. Sie stellten Paul von Hindenburg, den Miturheber der Dolchstoßlegende, als Kandidaten für das Amt des Reichspräsidenten auf. Der 78-jährige Generalfeldmarschall a. D. gewann die Wahlen und stieg somit zum mächtigsten Mann der Republik auf. Wie aber stand er zum Staat von Weimar?

Q1 *Aus einem Interview Hindenburgs mit einem US-Journalisten vom 21. April 1925:*

Frage: Im Ausland hat man den Gedanken aufgeworfen, ob durch Ihre Reichspräsidentschaft [...] eine Beunruhigung Europas eintreten könnte?
Antwort: Soweit dabei an militärische Dinge gedacht ist, kann ich versichern, dass mir als altem Soldaten die militärische Ohnmacht Deutschlands viel zu genau bekannt ist, als dass ich kriegerische Abenteuer irgendwie befürworten kann. [...]
Frage: Ihre Kandidatur wird vielfach als eine monarchistische aufgefasst. Wie denken Sie darüber?
Antwort: Einen plötzlichen Wandel der verfassungsmäßigen Grundlagen des Deutschen Reiches halte ich weder für möglich, noch für erwünscht; denn die dabei unvermeidliche Fehde würde dem Programm der inneren Eintracht widersprechen. Meine Herkunft aus einer monarchistischen Welt verleugne ich ebensowenig, wie Herr Ebert seine Herkunft aus der alten sozialdemokratischen Kampfatmosphäre verleugnet hat. Ein Reichspräsident, der allen Ständen und Gliedern des Volkes dienen muss, darf aber nicht Vertreter des Kampfgedankens irgendwelcher Klassen sein. Es ist völlig unwahr, dass ich mich mit Doorn über die Annahme meiner Kandidatur verständigt habe. Ich habe in dieser Frage keine Fühlung mit dem Hause Hohenzollern gehabt.

Walther Hubatsch (Hg.), Hindenburg und der Staat, Göttingen 1965, S. 188.
Doorn: Aufenthaltsort Wilhelms II. nach seiner Abdankung als Kaiser.

Q2 *Aus einem Brief des amtierenden Reichspräsidenten Hindenburg an Wilhelm II. vom 27. November 1927:*

Euer Majestät lege ich die inständige Bitte zu Füßen, davon überzeugt sein zu wollen, dass ich wie immer, so auch in den damaligen unglücklichen Tagen lediglich bemüht gewesen bin, Schaden und Nachteil vom Haupte meines Kaisers und Königs abzuwenden. Nur aus diesem Grunde musste ich nach gewissenhafter Prüfung schweren Herzens wohlgemeinten, aber nach Lage der Dinge unausführbaren Ratschlägen Anderer widersprechen und einen, wie ich glaubte, vorübergehenden Aufenthalt in Holland als bestes Mittel für oben erwähnten Zweck empfehlen. Von Euer Majestät missverstanden zu werden, ist mir altem Soldaten der größte Schmerz. Darum bitte ich vorbeugend daran erinnern zu dürfen, dass ich mein jetziges dornenvolles Amt nach langem Sträuben erst übernommen habe, nachdem man mich bei der Ehre fasste und ich mich der Einwilligung Euer Majestät versichert hatte. So verbleibe ich bis in ein nicht mehr fernes Grab in Treue und Ehrgefühl als Euer Kaiserlichen und Königlichen Majestät alleruntertänigster v. Hindenburg, Generalfeldmarschall.

Walther Hubatsch (Hg.), Hindenburg und der Staat, Göttingen 1965, S. 188.

1. ***Vergleiche die Einstellung Hindenburgs zur Republik in Interview und Brief miteinander. Welche Äußerung gibt wohl die wahren Ansichten des Reichspräsidenten wieder? Begründe deine Meinung.***

Antisemitismus in der Weimarer Republik

Nach dem Ende des Ersten Weltkriegs mussten die Juden häufig als Sündenböcke für wirtschaftliche Not herhalten. Völkische Gruppierungen verknüpften dabei die Hetze gegen Juden mit ihrem Hass auf den Weimarer Staat, den sie als „Judenrepublik" verunglimpften. Dabei stützte sich die judenfeindliche Propaganda weniger auf den Jahrtausende alten religiösen Antisemitismus, sondern vielmehr auf den aus dem Kaiserreich übernommenen Rassegedanken, der dem jüdischen Volk negative Rassen- und Charaktereigenschaften zuschrieb.

1. ***Beschreibe genau, wie die zwei Vertreter der jüdischen Bevölkerung und der „deutsche Michel" (Symbolfigur für das deutsche Volk) auf dem Wahlplakat dargestellt werden.***
2. ***Welche Vorwürfe gegenüber den Juden werden erhoben? Was sollte damit bezweckt werden?***

Wahlplakat zur Reichstagswahl 1924

3. ***Vergleiche Q1 und Q2: Wie veränderte sich die Situation der Juden in der Weimarer Republik „auf dem Papier", wie in der Realität?***

Q1 *Bestimmungen der Weimarer Verfassung:*
Art. 109 Alle Deutschen sind vor dem Gesetz gleich.
Art. 135 Alle Bewohner des Reichs genießen volle Glaubens- und Gewissensfreiheit. Die ungestörte Religionsausübung wird durch die Verfassung gewährleistet und steht unter staatlichem Schutz.
Art. 136 Die bürgerlichen und staatsbürgerlichen Rechte und Pflichten werden durch die Ausübung der Religionsfreiheit weder bedingt noch beschränkt. Der Genuss bürgerlicher und staatsbürgerlicher Rechte sowie die Zulassung zu öffentlichen Ämtern sind unabhängig von dem religiösen Bekenntnis.

Q2 *Aus den Erinnerungen des Historikers G. Mayer:*
[...] Die Weimarer Verfassung, ein Produkt der Niederlage und nicht des Sieges, eröffnete den Juden den Zutritt zu der niederen, mittleren und höheren Beamtenlaufbahn. Fortan durften sie nicht allein Briefträger oder Eisenbahnschaffner werden, sondern auch, freilich nicht ohne Risiko, Außenminister oder Ministerpräsident. Nun ging aber fast parallel mit der Ausweitung ihrer Gleichberechtigung in der staatlichen Sphäre eine Tendenz, sie aus der Industrie und dem Bankwesen (...) herauszudrängen. Besonders die Industrie legte Nachdruck darauf, „judenrein" zu bleiben oder zu werden. Den bis vor kurzem maßgebenden Schichten galt die neue demokratische Verfassung als eine vom siegreichen Feinde ihnen aufgezwungene. Sie hassten den neuen Staat, sie wollten keine „Judenrepublik", sie erklärten die Juden für die „Hauptnutznießer des deutschen Zusammenbruchs."
Nach: H. Michaelis/E. Schraepler, Ursachen und Folgen, Vom deutschen Zusammenbruch 1918 und 1945 bis zur staatlichen Neuordnung Deutschlands in der Gegenwart, Berlin 1958, S. 196f.

Frauenleben zwischen Tradition und Moderne

Im Kaiserreich

Lithographie, um 1890

1. *Beschreibe die Aufgaben, die Frauen in den einzelnen Abschnitten ihres Lebens im Kaiserreich zu erfüllen hatten.*
2. *Überlege, was die Lithographie über die Rolle der Frau im Kaiserreich aussagt.*

In der Weimarer Republik

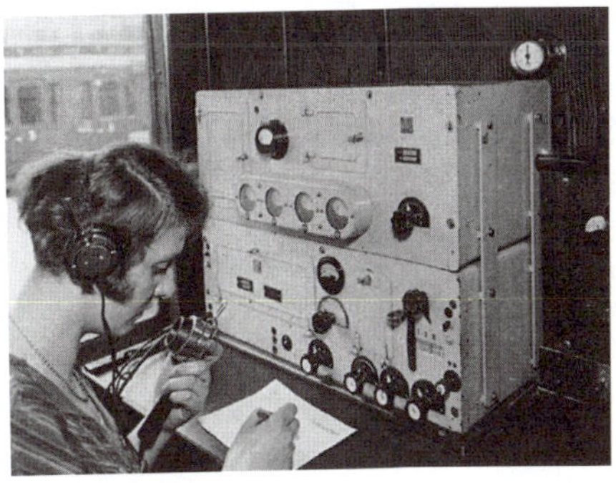

3. *Finde zu jedem der drei Fotos einen passenden Titel.*
4. *Vergleiche die Lithographie mit den Fotos unter dem Aspekt „Kontinuität und Wandel".*
5. *Fertige Zeichnungen an oder mache Fotos, auf denen du die Rolle der Frau in der Gegenwart aus deiner Sichtweise darstellst.*

Zerstörung der Demokratie – Merkmale der NS-Diktatur

1. Lies die nachfolgenden Texte und ergänze dann in der Tabelle auf Seite 9 die Merkmale der NS-Diktatur. Notiere in Klammern, aus welchen Textquellen (Q1–Q7) deine Informationen stammen.

Q1 *Aus der „Verordnung des Reichspräsidenten zum Schutz von Volk und Staat" vom 28. Februar 1933:*

§ 1 Es sind daher Beschränkungen der persönlichen Freiheit, des Rechts der freien Meinungsäußerung, einschließlich der Pressefreiheit, des Vereins- und Versammlungsrechts, Eingriffe in das Brief-, Post- und Fernsprechgeheimnis, Anordnungen von Hausdurchsuchungen und von Beschlagnahme sowie Beschränkungen des Eigentums auch außerhalb der sonst hierfür bestimmten gesetzlichen Grenzen zulässig.

Reichsgesetzblatt 1933, T1, S. 83.

Q2 *Aus der Regierungserklärung Hitlers vor der Abstimmung zum „Ermächtigungsgesetz", 23. März 1933:*

Es würde dem Sinn der nationalen Erhebung widersprechen, (...) wollte die Regierung sich für ihre Maßnahmen von Fall zu Fall die Genehmigung des Reichstages erhandeln oder erbitten. Die Regierung wird dabei nicht von der Absicht getrieben, den Reichstag als solchen aufzuheben, im Gegenteil, sie behält sich auch in Zukunft vor, ihn von Zeit zu Zeit über ihre Maßnahmen zu unterrichten oder aus bestimmten Gründen, wenn zweckmäßig, auch seine Zustimmung einzuholen. (...)

Nach: Dokumente der Deutschen Politik und Geschichte von 1848 bis zur Gegenwart, IV. Band, Berlin/München o. J., S. 29 ff.

Q3 *Im Ermächtigungsgesetz vom 24. März 1933 heißt es:*

Art. 1 Reichsgesetze können außer in dem in der Reichsverfassung vorgesehenen Verfahren auch durch die Reichsregierung beschlossen werden. (...)

Reichsgesetzblatt 1933, Teil 1, S. 141.

Q4 *Aus dem Gesetz gegen die Neubildung von Parteien vom 14. Juli 1933:*

§ 1 In Deutschland besteht als einzige politische Partei die Nationalsozialistische Deutsche Arbeiterpartei.

§ 2 Wer es unternimmt, den organisatorischen Zusammenhalt einer anderen politischen Partei aufrechtzuerhalten oder eine neue politische Partei zu bilden, wird, sofern nicht die Tat nach anderen Vorschriften mit einer höheren Strafe bedroht ist, mit Zuchthaus bis zu drei Jahren oder mit Gefängnis von sechs Monaten bis zu drei Jahren bestraft.

Nach: www.nationalsozialismus.de (01.02.2006)

Q5 *Ein heutiges Lexikon informiert über die Rolle der Kulturschaffenden in der NS-Diktatur:*

Die in Deutschland verbliebenen Kulturschaffenden kommen im April [1934] endgültig unter die totale Kontrolle der NSDAP. Reichsleiter Alfred Rosenberg übernimmt die Führung einer „Reichsstelle zur Förderung des deutschen Schrifttums", deren Aufgabe die Überprüfung aller Druckwerke (Bücher, Schriften, Zeitschriften) auf Einhaltung der nationalsozialistischen Grundsätze ist.

Chronik des 20. Jahrhunderts, Dortmund 1983, S. 477.

Q6 *Der Jurist Carl Schmitt schreibt im Jahr 1933 als Gegner der parlamentarischen Demokratie über das im NS-Staat angestrebte Führerprinzip:*

Die organisatorische Durchführung des Führergedankens erfordert zunächst negativ, dass alle der liberal-demokratischen Denkart wesensgemäßen Methoden entfallen. Die Wahl von unten [...] hört auf. [...] Auch die alten Abstimmungsprozeduren, mit deren Hilfe eine irgendwie zusammenkoalierte Mehrheit eine Minderheit majorisierte und aus der Abstimmung ein Machtmittel der Übereinstimmung und der Niederstimmung machte, dürfen sich im Einparteienstaat nicht fortsetzen oder wiederholen.

Carl Schmitt, Staat, Bewegung, Volk, Hamburg 1933, S. 35 ff.

Q7 *Leitsätze des „Reichsrechtsführers" Reichsminister Dr. Frank vom 14. Januar 1936:*

1. Der Richter ist nicht als Hoheitsträger des Staates über den Staatsbürger gesetzt, sondern er steht als Glied in der lebendigen Gemeinschaft des deutschen Volkes. Es ist nicht seine Aufgabe, einer über der Volksgemeinschaft stehenden Rechtsordnung zur Anwendung zu verhelfen oder allgemeine Wertvorstellungen durchzusetzen, vielmehr hat er die konkrete völkische Gemeinschaftsordnung zu wahren, Schädlinge auszumerzen, gemeinschaftswidriges Verhalten zu ahnden und Streit unter Gemeinschaftsgliedern zu schlichten.
2. Grundlage der Auslegung aller Rechtsquellen ist die nationalsozialistische Weltanschauung, wie sie insbesondere in dem Parteiprogramm und den Äußerungen unseres Führers ihren Ausdruck findet.
3. Gegenüber Führerentscheidungen, die in die Form eines Gesetzes oder einer Verordnung gekleidet sind, steht dem Richter kein Prüfungsrecht zu. Auch an sonstige Entscheidungen des Führers ist der Richter gebunden, sofern in ihnen der Wille, Recht zu setzen, unzweideutig zum Ausdruck kommt.

Nach: Geschichte in Quellen, Band V, München 1970, S. 317.

	Merkmale der Demokratie	Merkmale der NS-Diktatur
Parteien	Parteienvielfalt, Vertreter werden gewählt, Wahlrecht	
Parlament	beschließt und verabschiedet Gesetze, wird vom Volk gewählt	
Regierung	ist dem Parlament verantwortlich	
Gewalten	Gewaltenteilung	
Grundrechte	garantierte Grundrechte (etwa: persönliche Freiheit, freie Meinungsäußerung)	
Rechtsprechung	unabhängige Rechtsprechung	
Kultur	unabhängige, freischaffende Künstler in Literatur, Musik, Kunst und Film	
Politische Führung	Mitglieder verschiedener Parteien gehören der politischen Führungsschicht im Staat an	

2. Diskutiert in der Klasse die Unterschiede zwischen einem demokratischen Staat und der NS-Diktatur.

Auf dem Weg in den Führerstaat

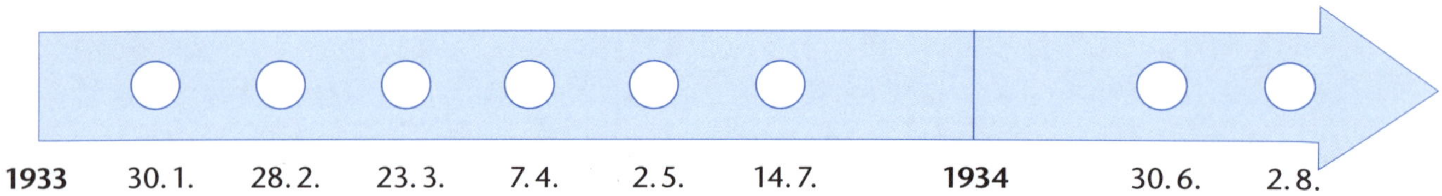

Zwischen 1933 und 1934 baute die NSDAP konsequent ihre Machtbasis aus. Ordne die Stationen auf dem Weg in den Führerstaat richtig in den Zeitstrahl ein. Schreibe die Zahl des Ereignisses in den passenden Datumskreis. Erkläre anschließend stichwortartig das Ereignis, bzw. das Gesetz.

1. Ermächtigungsgesetz: ______________________________

2. Gesetz gegen die Neubildung von Parteien: ______________________________

3. Gesetz zur Wiederherstellung des Berufsbeamtentums: ______________________________

4. Hitler wird Reichskanzler: ______________________________

5. Hitler ernennt sich selbst zum „Führer und Reichskanzler“: ______________________________

6. „Reichstagsbrandverordnung“: ______________________________

7. SA wird entmachtet: ______________________________

8. Zerschlagung der Gewerkschaften: ______________________________

Die nationalsozialistische Wirtschaftspolitik

Q1 *Die öffentlichen Investitionen in Deutschland 1928–1938 (in Millionen RM)*

Investitionen	1928	1932	1933	1935	1937	1938
Wehrmacht	827	620	720	5150	10850	15500
Verkehr	2234	805	1238	1876	2400	3376
Öffentliche Verwaltung	1830	800	810	1400	1420	1200
Versorgungsbetriebe	1023	218	200	390	600	700
Wohnungsbau	1330	150	185	220	200	250
Insgesamt	7240	2590	3150	9040	15470	21030

René Erbe, Die nationalsozialistische Wirtschaftspolitik im Lichte der modernen Theorie, Zürich 1958, S. 25

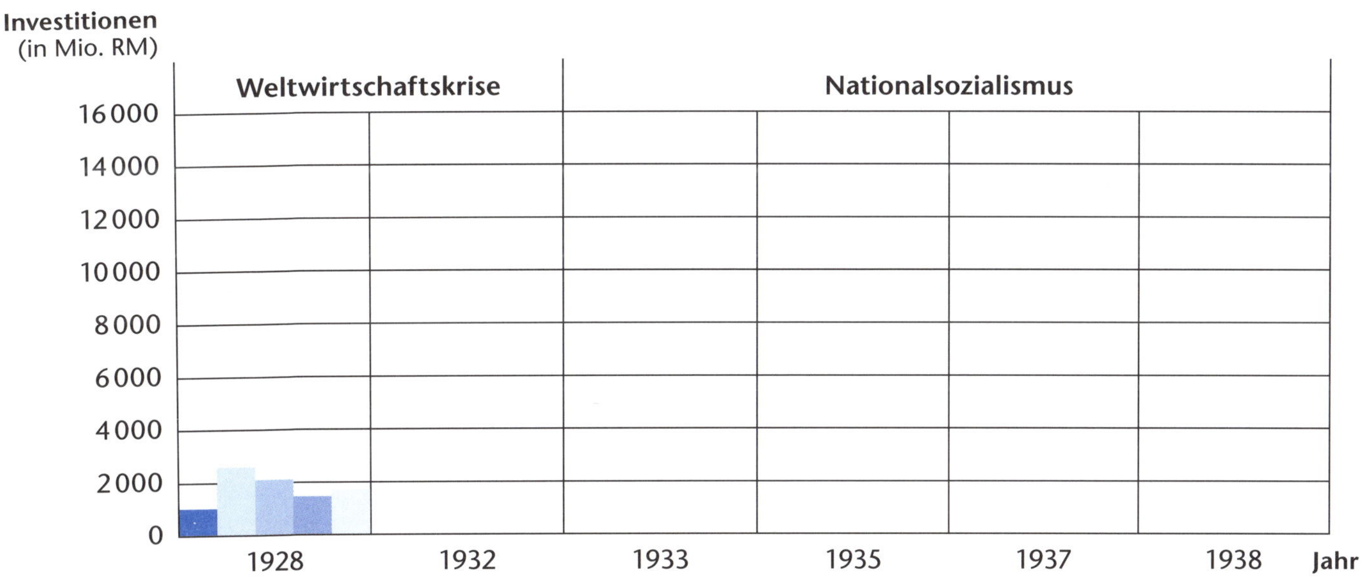

1. ***Übertrage die Werte der Tabelle von 1932 bis 1938 in Form eines Säulendiagramms in das Schaubild. Nimm die Darstellung von 1928 als Muster.***
2. ***Beschreibe das von dir gezeichnete Schaubild. Wo wurden Investitionen getätigt, welche Bereiche wurden vernachlässigt?***
3. ***Schließe aus Q2, wie die Aufrüstung finanziert wurde. Wie glaubte die NS-Regierung wohl, die Schulden abbauen zu können? Informiere dich, wie nach dem Zweiten Weltkrieg der Schuldenabbau dann wirklich erfolgte.***

Q2 *Verschuldung des Reiches 1933 bis 1939 in Milliarden RM*

Januar	März	März	August
1933	1936	1938	1939
4,0	14,4	26,2	44,5

Widerstand im NS-Staat

Nur wenige Menschen fassten während der NS-Zeit den Mut, etwas gegen die Nationalsozialisten zu unternehmen. Zu groß schien vielen das Risiko. Dennoch gab es sie, die Menschen, die sich widersetzten.

1. Fülle die nachfolgende Tabelle über Widerstandskämpfer aus.

Wer leistete Widerstand?	Mit welchen Mitteln?	Ziele/Motive
	Attentat auf Hitler (20. Juli 1944)	
Politische Parteien und Gruppen		
	Verteilen von Flugblättern	
Einzelkämpfer, z. B.:		

2. *Lies dir folgende Auffassung durch: „Widerstand zu leisten war sinnlos. Die Nazis waren viel zu mächtig und haben jeden, der sich gegen sie gestellt hat, verhaftet oder getötet. Was konnte da ein Einzelner schon ausrichten?" Setze dich mit dieser Ansicht auseinander. Was würdest du entgegnen?*

3. *Stell dir vor, du hättest in der Zeit des Nationalsozialismus gelebt und willst mit einem Flugblatt den Terror und die Verbrechen des NS-Regimes anprangern und verurteilen. Gestalte auf einem Blatt Papier ein Flugblatt, um die Bevölkerung aufzuklären und aufzurütteln.*

Die Zeit des Nationalsozialismus

Die folgende Tabelle enthält Aussagen zum Thema Nationalsozialismus. Entscheide, ob die Aussage richtig oder falsch ist.

	Richtig	Falsch
Ohne die Reichstagsbrandverordnung und das Ermächtigungsgesetz wäre es Hitler kaum möglich gewesen, eine Diktatur aufzubauen.		
Hitler ernannte sich selbst zum Staatsoberhaupt, als 1934 Reichspräsident Hindenburg starb.		
Die SS war die Parteiarmee der NSDAP unter der Führung von Ernst Röhm.		
Nach der nationalsozialistischen Ideologie gehörten alle Menschen unterschiedlichen Rassen an.		
Mit dem neu eingerichteten Propagandaministerium versuchten die Nationalsozialisten Einfluss auf die öffentliche Meinung zu nehmen.		
In der nationalsozialistischen Volksgemeinschaft durften alle ihre Meinung frei äußern und Kritik an der Regierung üben.		
Die Frau im NS-Staat sollte eine treue Gattin und fürsorgliche Mutter sein und ihre Arbeit aufgeben, um sich ganz dem Haushalt und der Kindererziehung zu widmen.		
In der Hitler-Jugend sollten die Jungen und Mädchen schon früh auf die Ideologie des Staates eingeschworen und zu treuen Gefolgsleuten erzogen werden.		
Menschen, die nicht den Vorstellungen der Nationalsozialisten entsprachen, wurden ausgegrenzt, verfolgt oder ermordet.		
Als 1939 deutsche Soldaten Polen angriffen, erklärten England und Frankreich Deutschland den Krieg und beteiligten sich sofort an den Kämpfen.		
Nachdem die Japaner den amerikanischen Stützpunkt auf Haiti am 7. Dezember 1941 angegriffen hatten, traten die USA in den Krieg ein.		
Die Begriffe Holocaust und Shoa bezeichnen den Völkermord der Nationalsozialisten an den Juden.		
Die Widerstandsgruppe um Oberst von Stauffenberg versuchte im Juni 1942 Hitler durch eine Bombe zu töten.		
Während des Krieges verteilte die Widerstandsgruppe „Gelbe Lilie“ um die Geschwister Hans und Sophie Scholl Flugblätter und rief zum Widerstand auf.		
Mit der Kapitulation der deutschen Wehrmacht im Mai 1945 endet der Krieg in Europa.		
Nach Kriegsende wurden alle Hauptverantwortliche der NS-Verbrechen in den „Nürnberger Prozessen“ verurteilt.		

Schwieriger Anfang auf dem Weg zur Demokratie – die Westzonen nach 1945

Umerziehung der Deutschen
Auf Befehl der amerikanischen Besatzungsmacht muss sich die Bevölkerung in Neunburg vorm Wald (Oberpfalz) im Frühjahr 1945 Leichen von ermordeten KZ-Häftlingen anschauen.

1. Stell dir vor, du wärst als Zeitungsreporter dabei gewesen. Was hättest du geschrieben? Verfasse einen Zeitungsartikel und überlege dir eine passende Überschrift.

2. Lies Q1 und erkläre, mit welchen Schwierigkeiten Josef Janota beim demokratischen Aufbau zu kämpfen hatte? Wie löste er die Probleme?

Deutsche Demokraten der ersten Stunde

Q1 *Josef Janota, Vorsitzender der örtlichen Selbsthilfeorganisation der Vertriebenen, später Landtagabgeordneter, berichtet:*

„Im November 1947 kam dann die erste richtige demokratische Wahl des Gemeinderates und des Kreistags. Die Vertriebenen wollten nicht bei den alten Parteien kandidieren und so haben wir selbst eine Wahlgemeinschaft gebildet. Ich musste wieder im ganzen Landkreis herumradeln, Kandidaten aussuchen und aufstellen, Unterschriften sammeln wie es das Gesetz vorschrieb usw. Wir haben es dann geschafft und sind mit 6 Mitgliedern in den Gemeinderat und mit 5 in den Kreisstag eingezogen. Ich wurde für beide Gremien sofort als Fraktionssprecher gewählt."

Nach: Praxis Geschichte 4/2002, S. 16.

Unterstützung der Besatzungsmächte
Care-Pakete mit Lebensmitteln werden an West-Berliner Kinder verteilt. Amerikanische Familien unterstützten damit die notleidende deutsche Bevölkerung.

3. Was bedeuteten die Care-Pakete für die Deutschen? Nenne weitere Beispiele für die Unterstützung der Bevölkerung durch die Westmächte.

Alles dreht sich um die Wirtschaft

Ergänze die Lücken im Text über die Wirtschaftsentwicklung Deutschlands in den Jahren 1945–1995 mit den unten stehenden Begriffen:

1. Nach dem Zweiten Weltkrieg stritten die demokratischen Parteien in den Westzonen heftig über eine neue ______________________________.
2. Im Ahlener Programm der CDU war die ______________________ der Arbeitnehmer ein wichtiges Anliegen.
3. Die Sozialdemokraten in den Westzonen sahen in den ______________________ ein wichtiges Instrument für die Demokratisierung der Wirtschaft.
4. Ein großer Teil der Gelder des ____________________ wurde in Form langfristiger ____________ vergeben.
5. Während der ____________________ wurden in der sowjetischen Besatzungszone unter anderem 8 000 Grundbesitzer entschädigungslos enteignet.
6. Die __________________________________ ist eng mit dem Namen des Wirtschaftsministers ____________________________ verbunden.
7. In der DDR war die Grundlage der sozialistischen __________________ das staatliche und genossenschaftliche Eigentum an den Produktionsmitteln.
8. Immer mehr Betriebe in der DDR wurden in Staatseigentum überführt und nannten sich jetzt ____________ ________________________.
9. Die schlechte _______________________ war ein Grund für die Unzufriedenheit der DDR-Bürger im Jahr 1953.
10. Im Vergleich zur Bundesrepublik waren in der DDR viel mehr Frauen im __________________ tätig.
11. Am 1. Juli 1990 wurde in der DDR die ______________ als gesetzliches Zahlungsmittel eingeführt.
12. Nach der Wiedervereinigung Deutschlands wurde in den neuen Bundesländern ein Aufbauwerk unter dem Namen „____________________" angekurbelt.

Aufbau Ost – Berufsleben – Bodenreform – D-Mark – Gewerkschaften – Kredite – Ludwig Erhard – Marshall-Plan – Mitbestimmung – Planwirtschaft – soziale Marktwirtschaft – Versorgungslage – Volkseigene Betriebe – Wirtschaftsordnung

Mauerbau – unterschiedliche Sichtweisen

„Mauerwächter“, Karikatur des bundesdeutschen Zeichners Oskar

Q1 *Beschluss des Ministerrates der DDR, veröffentlicht im „Neuen Deutschland“ am 13. 8. 1961:*

(...) Die westdeutschen Revanchisten und Militaristen missbrauchen die Friedenspolitik der UdSSR und der Staaten des Warschauer Vertrages in der Deutschlandfrage, um durch feindliche Hetze, durch Abwerbung und Diversionstätigkeit nicht nur der Deutschen Demokratischen Republik, sondern auch anderen Staaten des sozialistischen Lagers Schaden zuzufügen (...).
Aus all diesen Gründen beschließt der Ministerrat der DDR (...) zum Schutze der DDR und im Interesse der Sicherheit des sozialistischen Lagers folgende Maßnahmen: Zur Unterbindung der feindlichen Tätigkeit der revanchistischen und militaristischen Kräfte Westdeutschlands und Westberlins wird eine solche Kontrolle an den Grenzen der DDR einschließlich der Grenze zu den Westsektoren von Groß-Berlin eingeführt, wie sie an den Grenzen eines souveränen Staates üblich ist. Es ist an den Westberliner Grenzen eine verlässliche Bewachung und eine wirksame Kontrolle zu gewährleisten, um der Wühltätigkeit den Weg zu verlegen.
Diversionstätigkeit: Sabotage

*1. **Karikatur und Textquelle liefern unterschiedliche Begründungen für den Bau der Mauer. Erkläre beide.***

So erklärt der Karikaturist den Mauerbau:

So erklärt der Ministerrat den Mauerbau:

*2. **Notiere in Stichpunkten die tatsächlichen Gründe für den Bau der Mauer.***

Der Grundlagenvertrag

Im Jahr 1972 wurde der heftig diskutierte Grundlagenvertrag zwischen der Bundesrepublik und der DDR unterzeichnet. In einer Bundestagsdebatte vertraten der damalige Außenminister Walter Scheel (FDP) und der Oppositionsführer Rainer Barzel (CDU) unterschiedliche Auffassungen:

Q1 *Außenminister Walter Scheel (FDP):*

„Der Grundlagenvertrag dient einem dreifachen Ziel: *Erstens:* Er soll die Verbindung und das Gespräch zwischen den Menschen in Deutschland erleichtern. Er soll damit die Härte der Teilung mildern und das Bewusstsein der nationalen Zusammengehörigkeit aller Deutschen erhalten. *Zweitens:* Er soll die Voraussetzung einer Zusammenarbeit zwischen den beiden deutschen Staaten auf vielen Gebieten schaffen. Kontakte, die in den vergangenen Jahren immer schwieriger und spärlicher wurden oder ganz abgerissen sind, sollen neu geknüpft werden. *Drittens:* Er soll den gegenwärtigen Zustand der Teilung als Konfliktherd in der Mitte Europas entschärfen, ohne dass wir auf das Ziel der Überwindung der Teilung verzichten."

W. Scheel: Reden und Interviews. Bonn, o. J., S. 225.

Q2 *Oppositionsführer Rainer Barzel (CDU):*

„Dieser Vertrag – schlecht und eilig ausgehandelt, ohne angemessene Leistung und Gegenleistung – soll, so wird gesagt, dem Frieden dienen: Frieden aber ist doch eine Sache der Menschenrechte. Über dieses Problem wird zu sprechen sein wie über Ihre neue Formel von den zwei deutschen Staaten. Es hieß vor kurzem noch: zwei Staaten in Deutschland. Was wir Ihnen vorwerfen, Herr Bundeskanzler, ist dies: Mit der Unterschrift unter den Grundlagenvertrag bereiten Sie der DDR den Weg in die UNO, ohne den Bürgern der DDR die in der UNO-Charta beschworenen Menschenrechte zu gewährleisten."

I. Wilharm (Hrsg.): Deutsche Geschichte 1962–1983, Bd. 2, Frankfurt 1985, S. 69.

Textquellen vergleichen

1. Arbeite das gemeinsame Thema heraus.
2. Stelle die wichtigsten Informationen der Texte einander gegenüber, indem du die wesentlichen Aussagen in beiden Texten unterstreichst.
3. Halte Unterschiede, aber auch Gemeinsamkeiten zwischen den Aussagen fest.
4. Ordne die Aussagen in dein bisheriges Wissen ein und formuliere deine eigene Meinung zum Thema.

1. Wie bewerten die beiden Politiker den Grundlagenvertrag? Notiere die unterschiedlichen Ansichten mit Hilfe der methodischen Arbeitsschritte:

2. Diskutiert eure Sichtweise des Grundlagenvertrages in der Klasse.

Politiker gesucht

Ermittle mit Hilfe der Silben die Nachnamen von 15 Politikern, die die Entwicklung Deutschlands nach 1945 maßgeblich beeinflussten. Die in Klammern angegebenen Buchstaben ergeben von oben nach unten gelesen ein Ereignis, von dem die Deutschen lange träumten.

a – bat – byr – cker – cker – chrust – de – de – de – er – er – er – gaul – gor – hard – hau – hei – ho – kohl – le – len – ling – mai – mann – me – nau – ne – ne – nes – ol – pieck – re – richt – sä – schow – schow – ulb – weiz – wuer – zie

1. erster deutscher Bundeskanzler, er erreichte die Einbindung der Bundesrepublik in die westliche Staatengemeinschaft
2. Wirtschaftsminister der Bundesrepublik, „Vater“ der sozialen Marktwirtschaft
3. Parteichef der SED, später Staatsratsvorsitzender der DDR, verantwortlich für den Mauerbau
4. sowjetischer Staatschef, verkündete 1955 die „Zweistaatentheorie“
5. Bundespräsident 1984–1994, äußerte sich wiederholt zur nationalen Frage der Deutschen
6. Staatsratsvorsitzender der DDR, Nachfolger Ulbrichts, musste 1989 sein Amt aufgeben
7. Vorsitzender der SPD bis 1963, war gegen den Beitritt der Bundesrepublik zur NATO
8. demokratisch gewählter Ministerpräsident der DDR, der den Anschluss der DDR an die Bundesrepublik förderte
9. Staatspräsident Frankreichs, unterzeichnete gemeinsam mit Bundeskanzler Adenauer den deutsch-französischen Freundschaftsvertrag
10. Bundesminister für Justiz 1966–1969, später auch Bundespräsident, setzte sich wiederholt mit den Studentenprotesten Ende der 1960er-Jahre auseinander
11. amerikanischer Außenminister, der nach dem Zweiten Weltkrieg forderte, das deutsche Volk auf seinem Weg zur Demokratie zu unterstützen
12. Bundeskanzler – der von ihm vorgelegte „Zehn-Punkte-Plan“ zeigte den Weg für die Wiedervereinigung Deutschlands auf
13. Staatspräsident der DDR von 1949 bis 1960, vorher führender deutscher Kommunist
14. Bundesfamilienminister, trat für die „Hausfrauenehe“ ein
15. Partei- und Staatschef der Sowjetunion, der sich große Verdienste um die Wiedervereinigung Deutschlands erwarb

1. ____________________ (2)
2. ____________________ (1)
3. ____________________ (1)
4. ____________________ (6)
5. ____________________ (5)
6. ____________________ (5)
7. ____________________ (6)
8. ____________________ (2)
9. ____________________ (2)
10. ____________________ (3)
11. ____________________ (4)
12. ____________________ (3)
13. ____________________ (3)
14. ____________________ (8)
15. ____________________ (6)

Lösung: | 1 | 2 | 3 | 4 | 5 | 6 | 7 | 8 | 9 | 10 | 11 | 12 | 13 | 14 | 15 |

Die Zeichen der Zeit nicht verstanden

„Wer zu spät kommt, den bestraft das Leben."
(So äußerte sich sinngemäß der Staatschef der UdSSR Michail Gorbatschow im Oktober 1989 zu Funktionären der SED.)

1. *Beschreibe die Ziele und Aktivitäten der Bürgerrechtsgruppen in der DDR in den 1980er-Jahren.*

2. *Erläutere in Stichworten, wie die Partei- und Staatsführung der DDR auf die Zeichen der Zeit, gesellschaftliche Reformen durchzuführen, reagierte. Gehe dabei auf den sinngemäßen Ausspruch Michail Gorbatschows ein: „Wer zu spät kommt, den bestraft das Leben."*

3. *Warum bedeutete die Öffnung der Mauer am 9. 11. 1989 das Ende der SED-Herrschaft? Erkläre dabei den Stellenwert der Mauer für die Deutschen in Ost und West.*

45 Jahre deutsche Geschichte

1945	1949	1953	1955	1961	1963	1968	1977	1989	1990
○	○	○	○	○	○	○	○	○	○

1. Die Zeitleiste nennt Daten, die für die Deutschen in den Jahren von 1945 bis 1990 bedeutsam waren. Füge in den Kreis jeweils den Buchstaben des Ereignisses ein, das in diesem Jahr stattfand.

a) Abschluss des deutsch-französischen Freundschaftsvertrages
b) Studentendemonstrationen in der Bundesrepublik und in West-Berlin
c) Gründung der beiden deutschen Staaten
d) endgültige rechtliche Gleichstellung der Frau mit dem Mann in der Bundesrepublik
e) Fall der Mauer
f) Kapitulation der deutschen Wehrmacht
g) Bau der Mauer
h) Bundesrepublik wird Mitglied der NATO
i) Wiedervereinigung Deutschlands
j) Volksaufstand in der DDR

2. In der Geschichte der Deutschen nach 1945 gab es wichtige Dokumente, die für die Entwicklung der beiden deutschen Staaten, aber auch für die Gestaltung der Beziehungen der Deutschen zu den anderen Völkern wichtig waren. Unten findest du vier Zitate. Um welches Dokument handelt es sich jeweils? Fülle die nachfolgende Tabelle aus:

a) „Alle Menschen sind vor dem Gesetz gleich. Männer und Frauen sind gleichberechtigt (...). Jedermann hat das Recht, sich (...) mit Bitten oder Beschwerden an die zuständigen Stellen und an die Volksvertretung zu wenden."
b) Konrad Adenauer: „Das Vertragswerk macht die Bundesrepublik erst fähig, die Spaltung Deutschlands zu beseitigen und die sich mit der Wiedervereinigung stellenden Aufgaben zu bewältigen."
c) Willy Brandt: „Dem polnischen Volk gibt der Vertrag die Gewissheit, dass es in gesicherten Grenzen leben kann."
d) „Die Bundesrepublik Deutschland und die Deutsche Demokratische Republik entwickeln normale gutnachbarliche Beziehungen zueinander auf der Grundlage der Gleichberechtigung (...). Sie respektieren die Unabhängigkeit jedes der beiden Seiten in seinen inneren und äußeren Angelegenheiten. (...)"

	Dokument/Vertrag	Abschlussjahr
a		
b		
c		
d		

UdSSR/Russland – Niedergang einer Supermacht

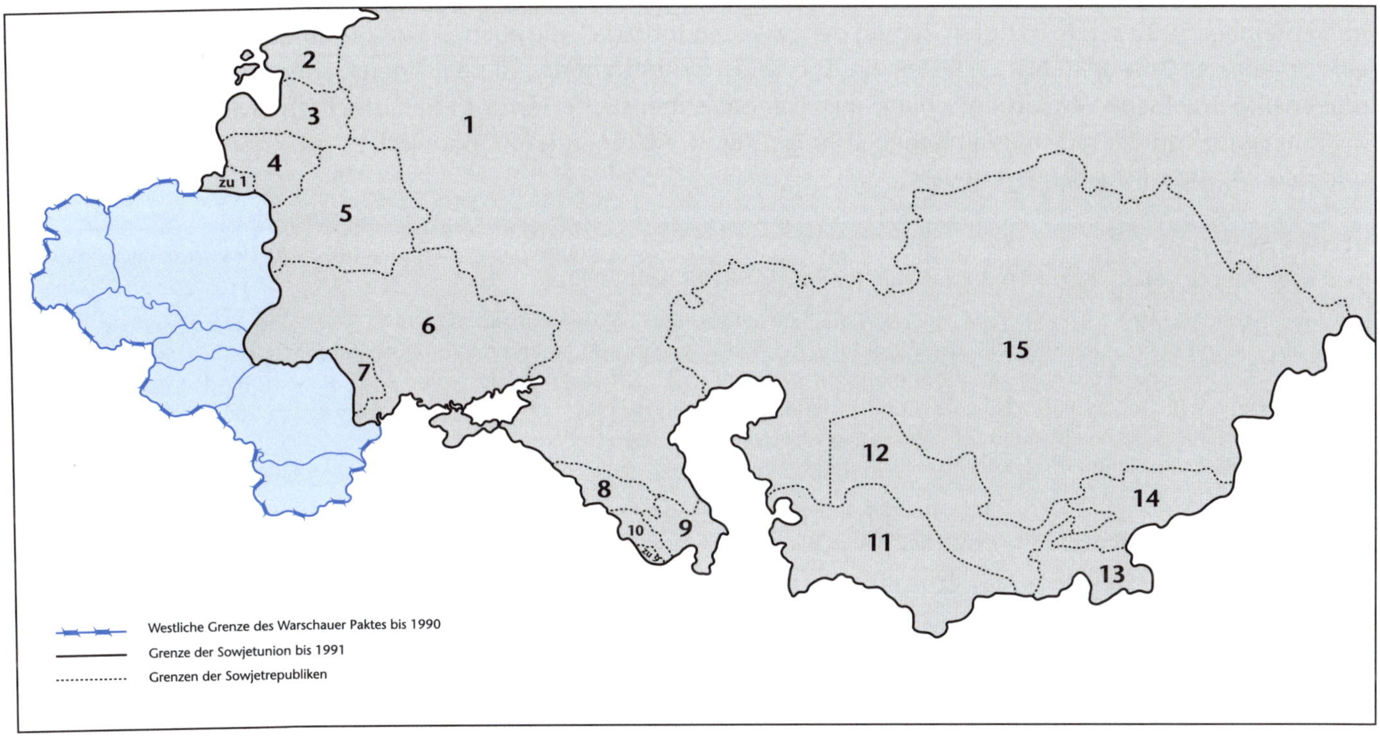

Die Karte zeigt dir den politischen Zustand Osteuropas, wie er bis zu den großen Umbrüchen der Jahre 1989 bis 1991 bestand. Der Warschauer Pakt löste sich 1990 auf, die UdSSR zerfiel 1991 in ihre 15 Sowjetrepubliken, die nun unabhängige Staaten wurden.

1. Benenne die Länder, die beim Zerfall der Sowjetunion als souveräne Staaten entstanden.

1 ____________	6 ____________	11 ____________
2 ____________	7 ____________	12 ____________
3 ____________	8 ____________	13 ____________
4 ____________	9 ____________	14 ____________
5 ____________	10 ____________	15 ____________

2. Welche Staaten, die bis 1990 dem Warschauer Pakt angehörten, sind heute Mitglieder der NATO? (Beachte: Aus der Tschechoslowakei entstanden zum 1. 1. 1993 durch Trennung die neuen Staaten Tschechische Republik und Slowakei. Hier sind daher gegebenenfalls die beiden neu entstandenen Staaten einzutragen.)

3. Markiere durch parallele Schrägstriche in der Karte die neuen Mitglieder der NATO. Zeichne außer Russland alle aus der ehemaligen UdSSR entstandenen Staaten farbig ein. Wie könnte deine Karte auf russische Schüler wirken?

Märtyrer-Kult der „Hamas"

Im September 2000 setzte mit dem Beginn der „zweiten Intifada", die auch „Al-Aksa-Intifada" genannt wird, eine Spirale der Gewalt im Nahen Osten ein. Die Selbstmordattentate auf palästinensischer Seite lösen seitdem regelmäßig israelische Vergeltungsschläge aus. Der palästinensische Terror gegen israelische Militärposten wie Zivilisten wird von der radikal-islamischen „Hamas" (arab. Abkürzung für „islamische Widerstandsbewegung") und den „Al-Aksa-Brigaden" gesteuert.

Q1 *Mit den Motiven palästinensischer Selbstmordattentäter setzte sich die Journalistin Inge Günther unter dem Titel „propaganda für den tod" auseinander. In der Frankfurter Rundschau vom 27.7.2002 heißt es dazu:*

Naima al-Abed wusste schon fünf Tage zuvor von dem Entschluss ihres Sohnes Mahmoud (23). [...] Sie, eine überaus selbstsichere Frau aus einem der besseren Slums für die Mittelklasse in Gaza-City, nahm sogar an den Vorbereitungen teil. [...] Es war der Morgen des 15. Juni. Spät in der Nacht war Mahmoud heimgekehrt [...]. „Er hatte sich kaum hingelegt, als sein Handy klingelte. Er stand auf, zog sich an und ging." Ein paar Stunden danach meldeten die Nachrichten einen palästinensischen Angriff mit Schusswaffen und Handgranaten auf einen Soldatenposten im Norden des Gazastreifens.
Ihr Gefühl, dass das Mahmoud gewesen sein könnte, wurde zur Gewissheit, als die Hamas-Gesandten anklopften. [...]

Die Issedin al-Kassem-Brigaden, der bewaffnete Flügel der Hamas, haben sie für ihre heroische Haltung mit einem Gemälde belohnt. Zu sehen ist Mahmoud mit entschlossenem Blick über seinem schmal rasierten Schnäuzer. Um ihn herum sind ein umzäunter israelischer Wachposten, Sprengsätze, ein lodernder Feuerball und darüber die Jerusalemer Al-Aksa-Moschee arrangiert. „Wenn ich das Bild anschaue", sagt Naima al-Abed, „geht mir das Herz auf". [...] „Mahmoud hat aus tiefster Inbrunst an den Dschihad – den heiligen Krieg – geglaubt." Und seine Mutter tut es noch immer. „Das Land, das die Juden uns mit Gewalt geraubt haben, müssen wir mit Gewalt zurückerobern." [...]

Die palästinensische Gesellschaft hat eine Kultur entwickelt, wird später der Intellektuelle Salah Abdel Schafi sagen, „die den Tod glorifiziert". Er gehört zu den Erstunterzeichnern eines öffentlichen Aufrufs gegen Selbstmordattentate in Israel, weil sie nationalen Interessen nur schadeten. Doch im Sumpf aus Armut und Verzweiflung, Hass auf die israelischen Besatzer, Aussichtslosigkeit des Diesseits und religiös verbrämter Todessehnsucht haben die Stimmen der Vernunft nur wenig Boden gewonnen. [...]

Q2 *Der Arzt Mahmut Zahar, ein Führungsmitglied der Hamas, äußerte sich am 18. 7. 2002 in einem Interview mit der Süddeutschen Zeitung zu den Fernzielen der Organisation:*

SZ: Mit ihren Selbstmordattentaten haben die Palästinenser eines erreicht: die Wiederbesetzung der Autonomiegebiete durch Israel. War das ihr Ziel?

Zahar: [...] Unser Ziel ist es, die Besatzung zu beenden und die Siedlungen abzubauen. Wir können solange kämpfen, bis die Israelis unser Gebiet verlassen.

SZ: Ihr endgültiges Ziel ist ...

Zahar: Unser Ziel ist die Errichtung eines palästinensischen Staates, wie er noch vor einhundert Jahren hier bestand.

SZ: Welche Grenzen genau umfasst ihr „Gebiet"?

Zahar: Unser Gebiet ist wohl bekannt. Es wird seit vielen hundert Jahren Palästina genannt. 1948 kamen Ausländer aus Polen, Amerika, den arabischen Ländern und besetzten unser Gebiet. Palästina ist also sehr bekannt. Nur: Heute nennt man es Israel. [...]

Lies beide Texte und beantworte anschließend folgende Fragen:

1. ***Gegen wen richtet sich der Hass bzw. Widerstand der Organisation „Hamas"?***
2. ***Mit welchen Mitteln führt „Hamas" den Kampf gegen Israel?***
3. ***Welche Ziele verfolgen die Anhänger von „Hamas"? Unterscheide Nah- und Fernziele.***
4. ***Wer ist aus der Sicht radikaler Islamisten ein „Märtyrer"?***
5. ***Warum ist die Mutter des Selbstmordattentäters Mahmoud stolz auf ihren Sohn?***
6. ***Wie wirken sich die Aktionen der „Hamas" auf den Friedensprozess in Nahost aus?***

Bewohner des Südens und des Nordens

Q1 *Ihr Mitbürger des Südens!*

Rodung durch Feuer, falsche Bodennutzung und der hohe Bevölkerungsanstieg mit seinem Land- und Brennholzbedarf rächen sich nun! Desertifikation [Ausdehnung der Wüsten] beraubt die Menschen zunehmend ihrer Lebensgrundlagen und treibt die ruinierten Bauern als Umweltflüchtlinge in die Städte. Hier belasten sie die ohnehin schon überstrapazierten natürlichen Ressourcen. Grund- und Trinkwasser sind knapp und immer mehr Menschen bedienen sich aus den Flüssen, die durch Müll und Abfälle jeder Art verseucht sind. Die Choleraepidemien in Lateinamerika zu Beginn der 90er Jahre zeigen, dass diese Verschmutzung gestoppt werden muss. In vielen tropischen Ländern dringen Kleinbauern in die letzten Regenwälder ein und zerstören sie durch Brandrodung. Sie vernichten damit unschätzbare genetische Potenziale, auf die die Menschheit zukünftig angewiesen sein wird. Eure Wälder müssen vor weiterer Vernichtung bewahrt bleiben, um das Weltklima im Gleichgewicht zu halten, um den Treibhauseffekt zu bremsen. Es ist eine Verpflichtung der gesamten Menschheit gegenüber, an dieser Zukunftsaufgabe mitzuwirken. Die Welt kann sich eine solche Umweltzerstörung nicht länger leisten, denn diese macht ja an den nationalen Grenzen nicht halt! Wir können auch das Produktions- und Konsummodell der Industrieländer nicht auf den gesamten Süden übertragen. Es ist wahr, wir im Norden haben als 20%-Minderheit einen überzogenen Lebensstil entwickelt, daran gibt es nichts zu beschönigen. Das ändert aber nichts an der Tatsache, dass die endlichen Ressourcen in wenigen Jahren ausgebeutet, die Belastungsgrenzen der Umwelt in kürzester Zeit überschritten wären, wenn die an Zahl ständig wachsende Mehrheit im Süden den Standard des Nordens für sich beansprucht. Umweltschonung, Einsparung, Vermeidung von Belastungen sind das Gebot der Stunde. Es ist fünf Minuten vor Zwölf! Solidarisch gilt es, die gemeinsamen Güter der Menschheit für die kommenden Generationen zu bewahren. Wir müssen endlich zum nachhaltigen, dauerhaften Umgang mit Land und Wasser, mit Erde und Atmosphäre übergehen. Schließlich sitzen wir alle in einem Boot. Keine Hälfte der Welt kann ohne die andere überleben!

Q2 *Ihr Bewohner des Nordens!*

Wir geben euch Recht. Die ökologischen Schäden bei uns sind verheerend. Das Wasser ist häufig verseucht, die Böden sind zerstört oder ausgelaugt, die Wälder abgeholzt.

Doch das kommt nicht von der Natur. Ihr habt uns euer Produktionssystem aufgezwungen, unsere Bodenschätze rücksichtslos ausgebeutet, unsere Böden für Weltmarktprodukte in Beschlag genommen. Ihr Reichen im Norden habt jahrhundertelang an euch gerafft, was die Erde zu bieten hat – im Süden nicht anders als bei euch im Norden. Ihr, die ihr nur ein Fünftel der Erdbevölkerung ausmacht, eignet euch drei Viertel aller Bodenschätze und Nahrungsmittel an und blast z. B. 80 % allen Kohlendioxyds in die Atmosphäre. Da wir nicht die Macht haben, euch etwas wegnehmen zu können, wollen wir wenigstens die Güter der Erde genauso nutzen, wie es für euch selbstverständlich ist und uns nehmen, was geblieben ist. Wenn die Natur plötzlich mehr geschont werden muss als ihr es in der Vergangenheit für nötig gehalten habt, dann fangt selbst damit an. Warum sollen denn die tropischen Regenwälder unter Schutz gestellt werden, die Wälder des Nordens aber weiterhin als Reichtumsquelle ausgebeutet werden dürfen? Für uns ist das Öko-Imperialismus und der Versuch, unsere Ressourcen zu kontrollieren. Die gehören aber uns, sie sind keine „gemeinsamen Güter der Menschheit“, sondern die einzige Möglichkeit, aus der Armut herauszukommen. Für uns ist es unannehmbar, dass ihr uns einen einfachen Lebensstil aufnötigen wollt, während ihr im Norden fortfahrt, die Weltressourcen durch die Produktion von Luxusgütern zu zerstören. Für uns kann Umweltschonung nicht das Hauptproblem sein, sondern die um sich greifende Verschuldung unserer Länder, die Verelendung der Menschen. Wir wollen zuerst einmal Entwicklung und nicht Umweltschutz, sonst würde das Reichtumsgefälle zwischen euch und uns verewigt. Es kann und wird keine nachhaltige Entwicklung zu euren Bedingungen geben, solange die Hälfte der Menschen der Dritten Welt unter den Bedingungen extremer Armut lebt. Die ökologische Krise ist eure Krise des Überflusses. Ihre Wurzeln liegen bei euch – weltweit. Wir lassen uns nicht in ein gemeinsames Boot ziehen, das ihr steuert und in dem ihr bereits die besten Plätze belegt habt.

(Q1 und Q2 nach: Wulf Schmidt-Wulfen, in: Praxis Geographie 11/1994, S. 4)

1. ***Liste stichwortartig die Argumente „des Nordens“ und die Argumente „des Südens“ auf.***
2. ***Schreibe einen Leserbrief zu einer der beiden Positionen. Dabei kannst du dich den Argumenten anschließen oder gegen sie Stellung beziehen.***
3. ***Führt eine Pro- und Contra-Diskussion zu dem Thema. Dazu solltet ihr folgende Sitzordnung aufbauen: Schiebt die Tische an die Wände und stellt die Stühle im Verhältnis 1 : 4 an gegenüberliegenden Seiten auf. Ihr verteilt euch genau umgekehrt, ebenfalls 1 : 4. Die Stühle sollen die Ressourcen der Erde darstellen, sie werden zu etwa 75 bis 80 % von den Industriestaaten (= „Norden“) beansprucht. Etwa 75 bis 80 % der Erdbevölkerung lebt dagegen in Entwicklungsländern (= „Süden“). Die „Partei“ des Südens ist also wie bei der Erdbevölkerung etwa vier Mal so groß.***

Botswana – ein bedrohtes Land in Südafrika

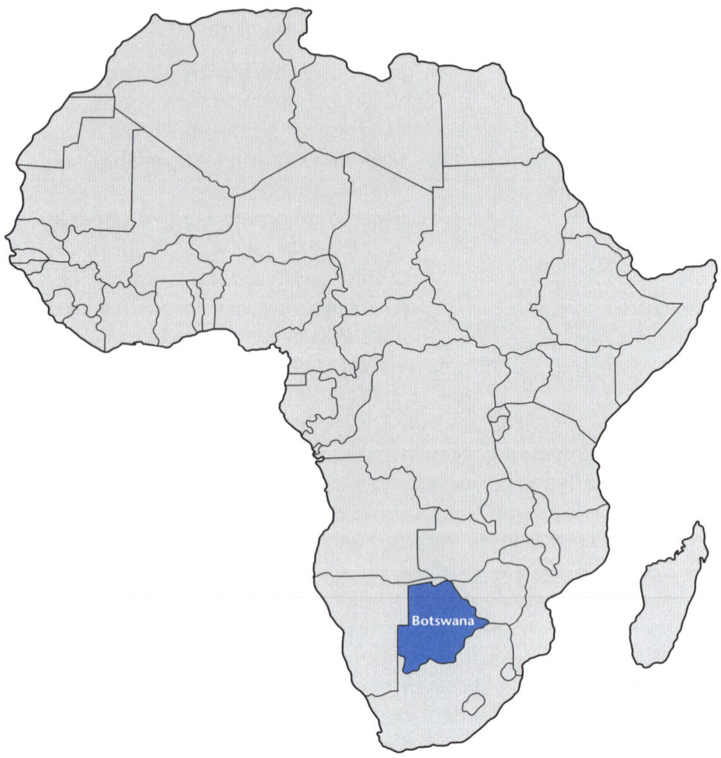

Botswana ist einer der weniger bekannten Staaten im südlichen Afrika. Eingebettet zwischen Namibia, Südafrika und Simbabwe nehmen die Trocken- und Dornstrauchsavanne der Kalahari den größten Teil der Staatsfläche ein. Die ehemalige britische Kolonie mit seiner Hauptstadt Gaborone ist seit 1966 unabhängig.

Kaum eine andere Volkswirtschaft weist seit über drei Jahrzehnten ein beständigeres und höheres Wachstum auf. Einem Bericht des Schweizer Weltwirtschaftsforums zufolge besitzt Botswana auch zukünftig die besten Entwicklungschancen des afrikanischen Kontinents. An der Grenze zum instabilen Nachbarstaat Simbabwe wurde 2004 ein 500 Kilometer langer Zaun errichtet – offiziell um Vieh davon abzuhalten, über die Grenze zu wechseln. In den vergangenen Jahren ist die Maul- und Klauenseuche tatsächlich zweimal eingeschleppt worden. Mehr noch will man aber Zehntausende von Armutsflüchtlingen abwehren, die Monat für Monat illegal über die Grenze wechseln.

Q1 *Ein Zeitungsbericht informiert über den afrikanischen Staat Botswana:*

Bei seiner Unabhängigkeit vor 38 Jahren gehörte der 1,7 Millionen Einwohner zählende Staat von der Größe Frankreichs zu den ärmsten Nationen der Welt: Heute ist Botswana auf der UN-Entwicklungsskala der Spitzenreiter Afrikas. Ein durchschnittliches Wirtschaftswachstum von jährlich neun Prozent […] katapultierte den Halbwüstenstaat im Volkseinkommen in die Kategorie der obersten Mittelklasse: Botswana ist heute der größte Diamanten-Produzent der Welt und der größte Rindfleischlieferant der EU.

Botswana gilt wegen seiner Haushaltpolitik als vorbildlich: Der Staat hat praktisch keine Schulden, ein Drittel des Budgets wurde bislang für die Bildung seiner Bürger ausgegeben, kürzlich kürte Transparency International den Hort afrikanischer Saubermänner zum wenig korruptesten Staat des Kontinents. […]

Doch hinter den Spiegelglaspalästen türmen sich Gewitterwolken auf. Zunächst beunruhigte die Botswaner, dass ihr Reichtum fast ausschließlich einer Laune der Natur, den am Rand der Wüste Kalahari gefundenen Diamanten, zu verdanken ist: ein Drittel des gesamten Bruttosozialproduktes wird mit dem Export des zu glitzernden Kristallen erhitzten und gepressten Kohlenstoffes erwirtschaftet. Eine derartige Abhängigkeit von nur einem (noch dazu unverarbeitetem) Wirtschaftsgut ist immer problematisch, vor allem, wenn dieser Industriezweig nicht einmal Arbeitsplätze schafft. […] Fast 20 Prozent der Botswaner sind arbeitslos.

Festus Mogae [Staatspräsident von Botswana], einst selbst bei der Weltbank tätig, weiß um die Schwäche seines Musterstaats und hat deshalb ein Programm zur Diversifizierung [Ausweitung] der Wirtschaft ins Leben gerufen. […] Botswana hat tatsächlich alles, was für eine moderne Dienstleistungsgesellschaft nötig ist: Beste technologische Infrastruktur (alle Städte des Landes sind bereits mit Glasfaserkabel verbunden), ein stabiles politisches Klima und hervorragend ausgebildete Arbeitskräfte (fast jeder zwölfte junge Botswaner schließt seine Ausbildung mit einem Universitätsdiplom ab).

So weit so gut. Und jetzt die Hiobsbotschaft, die alles zunichte zu machen droht. Mit 38 Prozent der erwachsenen Bevölkerung hat Botswana eine der höchsten HIV-Infektionsraten der Welt: Ausgerechnet jener Schatz bestens ausgebildeter Landeskinder, in die eine vorbildliche Regierung ihr ganzes Vermögen investierte, droht von dem Virus vernichtet zu werden. […]

Zunächst schaute auch die botswanische Regierung der um sich greifenden Pandemie [Seuche] so tatenlos zu wie die Staatschefs und Minister in den Nachbarstaaten. […] Doch wieder einmal rang sich die botswanische Regierung zu einem Schritt durch, zu dem kein anderer afrikanischer Staat in der Lage war. Als erster Präsident des Kontinents ließ sich Festus Mogae öffentlich testen, um seinen Landsleuten als gutes Beispiel voranzugehen, während seine Regierung gleichzeitig beschloss, allen in Frage kommenden Infizierten in Botswana […] Medikamente zu finanzieren. Die flächendeckende Versorgung ist zwar noch lange nicht perfekt. Doch wo die Pillen wie im Krankenhaus der Provinzstadt Serowe bereits ausgegeben werden, kommt wieder Hoffnung auf. […]

Mogae ist überzeugt davon, dass mit der Ausgabe [der] Medikamente die richtige Marschroute eingeschlagen wurde: „Am Ziel sind wir damit allerdings noch lange nicht." […]

Johannes Dieterich, „Afrikanischer Edelstein", in: Frankfurter Rundschau vom 30. Oktober 2004

Steckbrief des Landes Botswana:

Kolonialmacht: ______________________________

Jahr der Unabhängigkeit: ______________________________

Lage: ______________________________

Größe: ______________________________

Einwohner: ______________________________

Währung: ______________________________

Hauptstadt: ______________________________

Sprache: ______________________________

Produkte aus Industrie
und Landwirtschaft: ______________________________

Aus Geschichte und Gegenwart:

____

____

____

____

____

____

____

Lies den Einleitungstext sowie Q1 und bearbeite die folgenden Aufgaben:

1. *Fülle den Steckbrief aus.*
2. *Wo liegt der Staat Boswana? Mit welchem europäischem Land ist seine Staatsfläche (581.730 km²) vergleichbar? Berechne die Bevölkerungsdichte pro Quadratkilometer. Aus welchen natürlichen Bedingungen kann man die niedrige Einwohnerzahl erklären?*
3. *Welche positiven Aussagen zur Wirtschaftsentwicklung Botswanas enthält der Text? Unterstreiche mit grün.*
4. *Inwiefern hat die Politik in Botswana das wirtschaftliche Wachstum gefördert?*
5. *Worin liegen die Gefahren für die wirtschaftliche Entwicklung Botswanas? Unterstreiche mit rot.*
6. *Warum ist das Verhalten der Regierung im Kampf gegen Aids beispielhaft?*

Islamistischer Terrorismus

Seit den Anschlägen auf das New Yorker World Trade Center im September 2001 verbreitet die islamistische Terrororganisation Al-Qaida Angst und Schrecken in der westlichen Welt. Mit Bombenattentaten und Selbstmordanschlägen kämpfen die radikalen Islamisten um ihren Chef Osama Bin Laden gegen Werte und Symbole der westlichen Kultur. Insbesondere die USA und deren Verbündete sind im Visier des Terrornetzwerks.

Q1 *In einem Interview mit dem Nachrichtenmagazin „Spiegel" äußerte sich der französische Philosoph Levy im Jahr 2001 zum Amerika-Bild der islamischen Welt:*

Warum ist der Hass auf Amerika in der islamischen Welt so groß?
Für Muslime ist Amerika der Sündenbock. Sie leiden unter dem allmählichen Niedergang, der ihre Welt seit Jahrhunderten heimsucht. Die verlorene Größe, die abgebrochene Aufklärung, die Schmach des Kolonialismus wirken nach wie eine permanente Demütigung des Orients durch das Abendland. Die Amerikaner waren im Nahen Osten nie Kolonialmacht, aber sie werden wie der Inbegriff der Verwestlichung gesehen, also wie ein Götze.
Und als Schutzmacht des Staates Israel (…)
Das ist ein Alibi. Israel und die Amerikaner haben nicht viel zur arabischen Demütigung beigetragen. Sie dienen als Ersatz für das Unvermögen, das eigene Unglück zu erklären und die eigene Verantwortung zu erkennen. Viele Araber leben in einer magischen Welt mit einer diabolischen Kausalität, in der die USA und Israel ungefähr das Gleiche sind: der große und der kleine Satan. (…)
DER SPIEGEL, Nr. 49 vom 3. 12. 2001, S. 209f.

Q2 *Eine Pressemeldung aus dem Jahr 2005 berichtet über die Botschaft eines hochrangigen Al-Qaida-Führers:*

Vier Wochen nach den tödlichen Attentaten von London hat der stellvertretende Al-Qaida-Chef Ajman al Sawahri mit weiteren Anschlägen in der britischen Hauptstadt gedroht. Die Verantwortung für den Terror wies al Sawahri in einer Videobotschaft dem britischen Premierminister Tony Blair zu. „Blair hat euch Zerstörung in der Innenstadt von London gebracht, und er wird mehr davon bringen, so Gott will", sagte er in dem vom Fernsehsender Al Dschasira ausgestrahlten Video. Indirekt drohte Al Sawahri allen westlichen Staaten mit Anschlägen, die Truppen in islamischen Staaten stationiert haben. „Was die Staaten der Kreuzfahrer-Allianz angeht, wir haben Euch einen Waffenstillstand angeboten, falls ihr das Gebiet des Islams verlasst", sagte der Stellvertreter von Al-Qaida-Chef Osama bin Laden. „Unsere Botschaft ist klar: Ihr werdet nicht sicher sein, bis ihr euch von unserem Boden zurückzieht, aufhört, unser Öl und unsere Reichtümer zu stehlen und aufhört, die korrupten Herrscher zu unterstützen."
Den USA drohte er, wenn sie ihre Truppen nicht aus dem Irak zurückzögen, werde es dort Zehntausende Tote geben. […]
AP 4. 8. 2005, News: Politik

Karikatur von
Horst Haitzinger, 2001

Lies die Texte und beantworte folgende Fragen:
1. ***Wofür machen radikale Islamisten die westliche Welt verantwortlich?***
2. ***Wie sehen sie die USA?***
3. ***An welche geschichtliche Erfahrung knüpfen Begriffe wie „Kreuzfahrer-Allianz" an?***
4. ***Was will die Karikatur aussagen?***

HDI – Maßstab für menschliche Entwicklung

Um Aussagen über den Entwicklungsstand eines Landes machen zu können, ist es hilfreich, einen Blick auf den HDI (Human Development Index), also den Index für menschliche Entwicklung, zu werfen. Der HDI ist ein Zahlenwert zwischen 0 und 1, der sich aus drei Teilbereichen errechnet: der Lebenserwartung, dem Bildungsniveau und dem Durchschnittseinkommen der Einwohner eines Landes. Als hoch entwickelte Länder gelten alle Staaten mit einem Wert über 0,8; Staaten mit einem Wert zwischen 0,5 und 0,8 fallen in die mittlere Gruppe; Länder mit einem Ergebnis unter 0,5 gelten als gering entwickelt.

Q1 *Die drei Teilelemente des HDI:*

- *die Lebensdauer* – gemessen als Lebenserwartung bei der Geburt
- *das Bildungsniveau* – gemessen als Alphabetisierungsrate der Erwachsenen sowie der Gesamteinschulungsrate der Kinder und Jugendlichen sowie der Dauer des Schulbesuchs
- *der Lebensstandard* – gemessen als Pro-Kopf-Einkommen in realer Kaufkraft

Q2 *Regionale Unterschiede der Entwicklung (gemessen am HDI):*

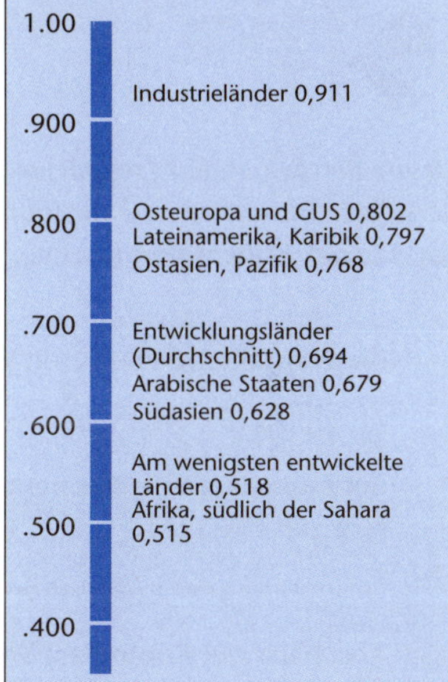

Nach: Human Development Report 2005

Q3 *HDI-Werte ausgewählter Staaten (Stand 2004):*

Indien 0,602 (127.)
Japan (0,943) (11.)
Türkei 0,750 (94.)
Botswana 0,565 (131.)
USA 0,944 (10.)
Äthiopien 0,367 (170.)
Russland 0,795 (62.)
Niger 0,281 (177.)
China 0,755 (85.)
Deutschland 0,930 (20.)
Polen 0.858 (36.)
Norwegen 0,963 (1.)

Nach: Human Development Report 2005

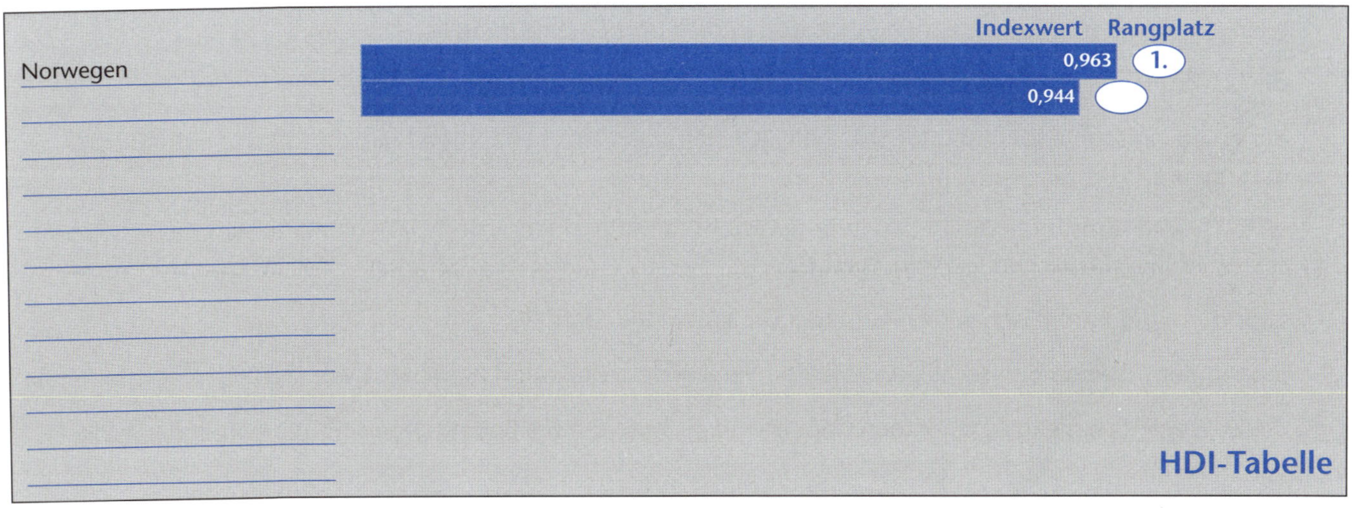

1. *Erkläre, was der HDI misst: allgemein, im Einzelnen (Q1).*
2. *Welchen durchschnittlichen HDI-Wert haben Industriestaaten (Q2)? Welchen Durchschnittswert erreichen die am wenigsten entwickelten Länder? In welcher Region liegen sie vor allem?*
3. *Ordne die Länder mit ihren Index-Werten (Q3) in der HDI-Tabelle in der richtigen Reihenfolge. Ergänze dabei das Balkendiagramm.*
4. *Wo befindet sich Deutschland im Vergleich der Industriestaaten (Q2, Q3)?*
5. *Kritiker des HDI bemängeln, dass wesentliche Informationen über den Entwicklungsstand eines Landes im Index nicht berücksichtigt seien. Welche könnten das sein?*

Europas Einigung chronologisch gesehen

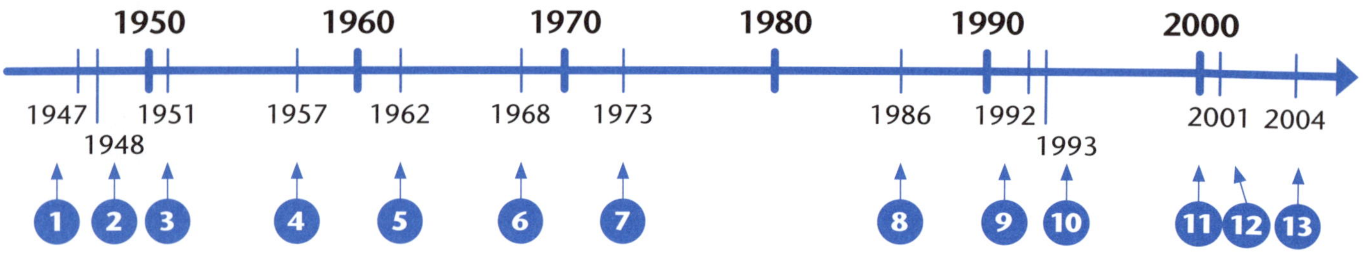

Ordne den folgenden Ereignissen die zutreffenden Jahreszahlen zu, indem du sie mit den richtigen Ziffern (1–13) versiehst. Stimmt deine Zuordnung, dann ergeben die eingeklammerten Großbuchstaben am Ende der Ereignistexte in der Reihenfolge 1–13 ein dir bekanntes Lösungswort.

- ☐ die europäischen Regierungschefs beschließen die Einführung einer europäischen Verfassung (A)
- ☐ Abschluss des Vertrages von Maastricht und Gründung der EU (I)
- ☐ der amerikanische Präsident Kennedy warnt die Abgeordneten des Kongresses vor der möglichen Konkurrenz der EWG (A)
- ☐ Gründung der Organisation für europäische wirtschaftliche Zusammenarbeit (U)
- ☐ Abschluss der Römischen Verträge (R)
- ☐ die Europäische Politische Zusammenarbeit wird zum Grundsatz erhoben (T)
- ☐ feierliche Aufnahme von zehn neuen Staaten in die Europäische Union (L)
- ☐ die EU-Regierungschefs verabschieden die „Lissabon-Strategie" (N)
- ☐ der amerikanische Außenminister Marshall lässt den nach ihm benannten Plan zum Wiederaufbau Europas ausarbeiten (S)
- ☐ erste Erweiterungsrunde durch den Beitritt Großbritanniens, Irlands und Dänemarks zu den sechs Gründerstaaten der europäischen Gemeinschaft (A)
- ☐ Gründung der Europäischen Gemeinschaft für Kohle und Stahl (P)
- ☐ Jahr, in dem die von den sechs EWG-Staaten verabredete Zollunion hergestellt war (N)
- ☐ die EU-Regierungschefs legen in den Kopenhagener Kriterien die Bedingungen für die Aufnahme in die EU fest (O)

Lösung:

1	2	3	4	5	6	7	8	9	10	11	12	13

6 – 15 – 25: Das Einmaleins der europäischen Vereinigung

Färbe die unten genannten Staaten jeweils einheitlich ein und schreibe ihre Namen auf.

1. *Die sechs Gründerstaaten:*

2. *Die neun Beitrittsstaaten bis 1995:*

3. *Die zehn Beitrittsländer 2004:*

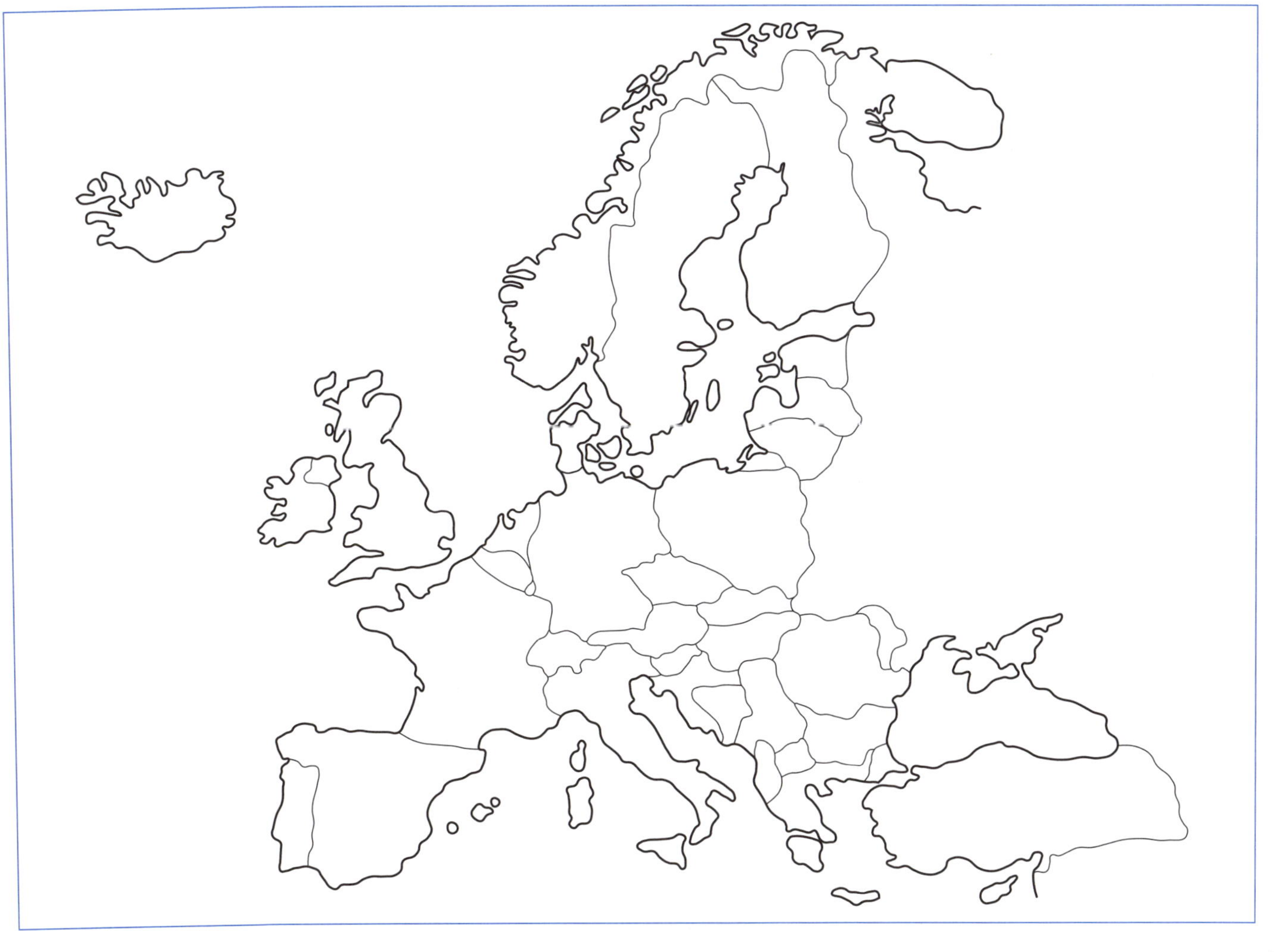

Rätselhaftes Europa

bon – en – eu – frank – gend – gra – in – ju – ken – koh – le – lis – maas – man – mann – mar – mi – nen – ni – nis – o – on – pa – rat – rat – reich – ro – sa – schran – schu – se – shall – slo – stre – sub – te – ter – ti – ti – tricht – ven – we – zoll

Bilde aus den Silben die folgenden Begriffe und setze sie in die entsprechenden Kästchenzeilen ein. Die markierte senkrechte Kästchenreihe ergibt einen dir bekannten Lösungsbegriff.

1. 1949 gegründete europäische Institution
2. amerikanischer Außenminister, Schöpfer des europäischen Wiederaufbauprogramms
3. Gründungsort der Europäischen Union
4. deutscher Europapolitiker nach dem Ersten Weltkrieg
5. Fremdwort für „Einigung"
6. eines der Beitrittsländer von 2004
7. wichtige Institution der EU
8. Ort, nach dem die Strategie zur Erzielung der europäischen Spitzenstellung in der Weltwirtschaft benannt wurde
9. finanzielle Zuwendungen, mit denen die EU die EU-Landwirte gegenüber Billiganbietern unterstützt
10. dieses Erzeugnis war Gegenstand des ersten Vertrages, den die Gründerstaaten der EU 1951 abschlossen
11. sie fielen 1957 fort, um den freien Warenverkehr zwischen den Mitgliedstaaten der EWG zu ermöglichen
12. auf seine Initiative ging 1951 der erste Vertrag zurück, durch den eine europäische Gemeinschaft geschaffen wurde
13. eines der beiden Länder, von deren Bereitschaft zur Zusammenarbeit die europäische Einigung besonders abhängig war
14. einer der Politikbereiche im Rahmen des EU-Vertrages

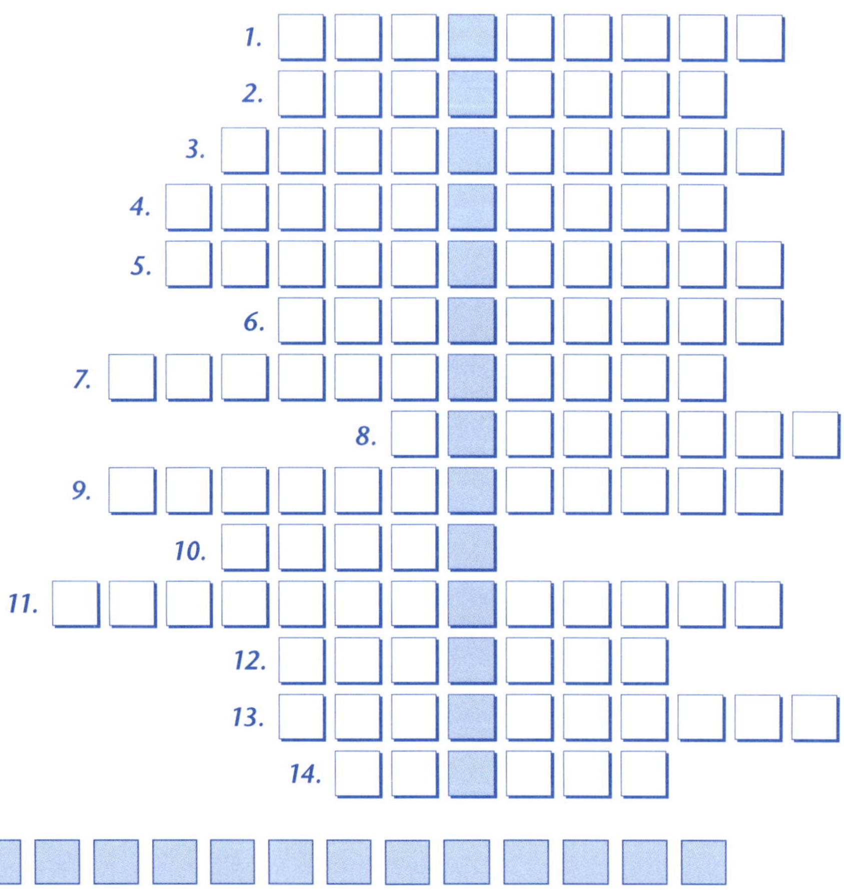

EU-Wirtschaftszahlen anschaulich dargestellt

Arbeitslosenzahlen der zehn neuen EU-Länder vor ihrem Beitritt 2004

	1999	2003
Estland	12,3 %	10,2 %
Lettland	14,5 %	13,4 %
Litauen	14,1 %	10,7 %
Malta	5,3 %	7,4 %
Polen	15,3 %	19,3 %
Slowakische Republik	16,2 %	17,6 %
Slowenien	7,6 %	6,6 %
Tschechische Republik	8,7 %	7,5 %
Ungarn	7,0 %	5,8 %
Zypern	3,6 %	4,3 %

Wandle die Tabelle in ein (Säulen-)Diagramm um, waagerecht die Länder, senkrecht die Prozentzahlen (1 % = 0,5 cm). Stelle die Prozentzahlen für jedes Land in zwei nebeneinander stehenden Säulen dar und färbe am Schluss die Säulen für 1999 und 2003 jeweils einheitlich mit unterschiedlichen Farben ein, damit die Entwicklung in den einzelnen Ländern anschaulich sichtbar wird.

Überschrift: ______________________

Bildquellenverzeichnis

Cover	Picture-Alliance, Frankfurt (Kai-Uwe Wärner)
S. 3	AKG, Berlin
S. 6	Bayerische Staatsbibliothek, München
S. 7	**o** BPK, Berlin **u li** aus: Manfred Görtemaker/BPK (Hg.), Weimar in Berlin. Portrait einer Epoche, be.bra-Verlag, Berlin 2002, S. 96 **u Mi** BPK, Berlin (Friedrich Seidenstücker) **u re** Süddeutscher Verlag, München (Scherl)
S. 14	**o** Süddeutscher Verlag, München **u** BPK, Berlin
S. 16	CCC/www.c5.net, Pfaffenhofen a.d. Ilm (Oskar)
S. 19	Klett-Archiv, Stuttgart (Lutz-Erich Müller, Leipzig)
S. 23	nach: CCC/www.c5.net, Pfaffenhofen a.d. Ilm (Fritz Behrendt)
S. 26	CCC/www.c5.net, Pfaffenhofen a.d. Ilm (Horst Haitzinger)

Nicht in allen Fällen war es uns möglich, den Rechteinhaber ausfindig zu machen. Berechtigte Ansprüche werden selbstverständlich im Rahmen der üblichen Bedingungen abgegolten.